# PROJET

## DE

# CONSTITUTION

### PAR

## LE DUC DE NORMANDIE.

## PARIS:

CHEZ R. PRÉVOT, LIBRAIRE-ÉDITEUR,

RUE J.-J.-ROUSSEAU, N. 5;

ET CHEZ ROUANET, RUE VERDELET, Nº

1833.

# AVANT-PROPOS.

La marche progressive des temps rendant illusoires toutes les prévisions humaines, il a été indispensable d'apporter aux institutions connues, des modifications qui les missent en rapport avec les lumières et le caractère national. C'est pour cela que j'offre à mon pays un projet de constitution établi sur des bases neuves et solides. J'ai tâché d'en concilier les difficultés avec notre position actuelle, et si je n'ai pas réussi à les aplanir entièrement, je crois, du moins, être parvenu à les rendre moins sensibles.

La liberté illimitée de la presse a été consacrée : sans elle, point de sécurité. C'est une absurdité que de prétendre qu'il n'y a pas de gouvernement possible avec la liberté d'écrire et de publier ses opinions. Cette erreur, propagée adroitement par les agens salariés de pouvoirs tyranniques et corrupteurs, est d'une gravité telle, qu'elle compromet le salut de la nation elle-même.

Un pouvoir loyal et patriote ne doit jamais craindre les investigations : ses opérations seront à l'abri de toute critique dès qu'elles n'auront pour but que le bonheur, la gloire et la prospérité du pays. L'intrigue seule craint la publicité : de là les nombreux procès et autres entraves suscités à la presse dont on redoute les révélations et la franchise quelquefois dure.

La personne du chef de l'état a été déclarée inviolable pendant toute la durée de ses fonctions. Il serait par trop absurde de pouvoir le prendre à partie, ce qui entraverait la marche du gouvernement et ne produirait que l'anarchie.

Soumis aux lois, comme les autres citoyens, le chef de l'état sachant qu'il gouverne des hommes libres, ne se mettra jamais dans le cas d'être attaqué pour ses actes, dès qu'il sentira que la responsabilité en pèse directement sur sa tête et qu'il ne pourrait se soustraire à l'action des lois.

La chambre des pairs est abolie. Cette institution, qui pouvait être si utile à la liberté, avait dégénéré en complaisances pour toutes les tyrannies. Composée, en général, de l'écume des médiocrités de la chambre des députés, elle a prouvé qu'elle n'était ni française, ni patriote.

Les fonctionnaires ont été écartés du corps législatif. L'évidence a victorieusement démontré qu'ils n'étaient et ne pouvaient être les représentans de la nation, et que leur servilisme pour tous les pouvoirs était aussi honteux que dégoûtant.

Une indemnité a été accordée aux législateurs, afin que les capacités et la probité pussent être appelées à représenter le pays, indépendamment de la fortune.

La liste civile est suffisante pour les besoins du chef de la première nation du monde. Il pourra faire encore beaucoup de bien, sans avoir la facilité de corrompre, ni d'infecter les administrations, comme par le passé. Cette réduction devant nécessairement s'étendre à tous les traitemens, on ne verra plus de cumuls, de sinécures et autres abus révoltans, et la nation parviendra à la fin à se débarrasser de sa dette, que des pouvoirs dilapidateurs et cupides ont augmentée d'une manière effrayante.

La faculté d'abuser de tout étant inhérente au pouvoir, on a jugé à propos de lui ôter celle de dissoudre l'une ou l'autre des deux chambres.

L'impunité dont ont joui presque tous les ministres prévaricateurs a engagé à les rendre effectivement responsables et à soumettre tous leurs actes à la censure du corps législatif.

On a également pensé qu'ils ne pouvaient être membres d'aucune des deux chambres, pour éviter le scandale des commérages et autres intrigues, fruit de la funeste influence qu'ils ont toujours exercée sur des membres dont la nomination, pour la plupart, était due à leurs sollicitations, à leurs promesses, ou à leurs menaces; ce qui rendait tout contrôle illusoire et autorisait, par la certitude de l'impunité, à commettre les plus grands crimes.

Une commission de surveillance a été établie auprès de chaque ministre, afin de veiller à toutes leurs opérations et les empêcher de prévariquer.

Le mode d'élection à deux degrés est remis en vigueur ; il est praticable et plus sûr. De cette manière on ne verra plus se renouveler l'immoralité de certaines nominations..... Comme il n'y aura plus d'électeurs permanens, ni de faveurs à leur accorder, il n'y aura plus de représentans serviles et dévoués à tous les pouvoirs.

Les magistrats seront tous élus ; c'est le seul moyen d'avoir à la tête de la justice des organes qui rendront des arrêts et non des services.

De graves difficultés se présentaient naturellement pour parvenir à bien fixer le mode d'élection des magistrats. On a employé d'abord partie des électeurs cantonnaux, persuadé que le temps permettra de fixer un mode invariable pour procéder sûrement à ces sortes d'opérations, aussitôt que celui proposé sera reconnu insuffisant ou défectueux.

La cour des comptes, dont l'incurie ou la connivence a su rendre illusoire tout contrôle des gestions ministérielles, est abolie.

Le jury devant être composé d'hommes instruits et capables de bien apprécier les faits, il était indispensable d'y admettre spécialement toutes les capacités reconnues ou présumées.

Le spectacle de l'innocence accouplée avec l'infamie ayant paru aussi hideux qu'affligeant, on a pensé qu'il fallait abolir toute peine infamante pour crimes ou délits politiques et de la presse.

Les ministres ne pourront point jouir du bénéfice de la grâce ou de la commutation de peine. Cette circonstance forcera le pouvoir à respecter l'opinion publique, et l'empêchera de provoquer ou de tolérer certains actes qui ont justement et tant de fois révolté la susceptibilité nationale.

On a soumis les autorités départementales et communales à l'élection, parce qu'il est temps que le peuple fasse lui-même ses affaires, et qu'il ait, pour administrer, des hommes à lui et non des espions ou des traîtres, comme par le passé.

Le gouvernement n'ayant plus la faculté de révoquer les autorités élues, il ne pourra exercer sur elles que l'influence légale indispensable au bien de l'administration et des administrés.

L'inutilité du conseil d'état étant démontrée, on a cru devoir l'abolir. De cette manière le pouvoir sera privé d'un moyen de corruption dont il a trop largement usé dans toutes les occasions.

Il n'y aura plus de noblesse. Cette institution féodale et gothique devait nécessairement disparaître avec les privilèges : elle serait une anomalie sous un régime d'égalité.

La prodigalité du signe de la légion d'honneur, dont le pouvoir a tant abusé depuis 1814, n'ayant pu échapper à la censure des hommes éclairés, on a jugé à propos de faire procéder à une épuration préalable de toutes les promotions faites depuis le premier avril 1814, seul moyen de lui rendre l'éclat et la valeur dont un pouvoir lâche et envieux avait cherché à la priver.

Les autres décorations sont supprimées. Ces hochets avec lesquels le pouvoir enchaînait les consciences et les volontés, et qui n'avaient été institués que dans ce but, devaient également tomber devant le bon sens national.

L'armée avait besoin d'une nouvelle organisation. En soumettant presque tous les grades à l'élection, on a sorti des mains du chef de l'état la facilité d'en dénaturer l'esprit en y introduisant des citoyens ineptes ou dangereux qui, ne s'étudiant qu'à plaire à ceux de qui ils tenaient et espéraient tout, étaient les soutiens obligés de toutes les tyrannies et ne voulaient voir dans le soldat qu'une machine passive qu'ils tâchaient de rendre docile à toutes leurs volontés, pour en faire des satellites du pouvoir, et non des soutiens de la patrie.

Il en a été de même pour la garde nationale.

En soumettant la révision de la constitution à la volonté nationale, on a cherché à prévenir le renouvellement des intrigues qui n'ont attaqué le pacte que pour le fausser dans l'intérêt d'une coterie ou du pouvoir, afin d'opprimer plus facilement et plus sûrement.

En résumé, la part d'un pouvoir loyal et probe est raisonnable; celle du peuple, large. Que chacun fasse son devoir, et je réponds de l'avenir de la patrie!

# Droit public des Français.

ARTICLE 1<sup>er</sup>. La souveraineté réside essentiellement dans l'universalité des citoyens.

2. Les Français sont égaux devant la loi, et la loi est égale pour tous.

3. Ils contribuent indistinctement, et dans la proportion de leur fortune, aux charges de l'état.

4. Ils sont également admissibles à tous les emplois civils et militaires.

5. La liberté individuelle est garantie, nul ne pouvant être poursuivi ni arrêté que dans le cas prévu par la loi, et dans la forme qu'elle prescrit.

6. Chacun professe sa religion avec une égale liberté.

7. Les ministres des différens cultes ne recevront aucun traitement de l'état.

8. Les Français ont le droit de publier et de faire imprimer leurs opinions, et, dans aucun cas, il ne pourra être créé de lois restrictives à ce sujet.

9. Toutes les propriétés sont inviolables, sans aucune exception.

10. L'état peut exiger le sacrifice d'une propriété pour cause d'intérêt public légalement constaté, mais moyennant une indemnité préalable.

11. Toutes recherches des opinions et votes émis jusqu'à ce jour sont absolument interdites.

## DU GOUVERNEMENT.

12. La personne du chef de l'état est inviolable pendant la durée de ses fonctions. Il a la puissance exécutive.

13. Le chef de l'état commande de droit les forces de terre et de mer ; néanmoins il ne peut déclarer la guerre, faire la paix, ni aucun traité d'alliance ou de commerce, sans l'assentiment du corps législatif.

14. Le chef de l'état nomme à tous les emplois d'administration publique qui ne sont pas dévolus à l'élection.

15. Il sera tenu de se conformer aux règles invariables usitées pour chaque administration, sans pouvoir jamais s'en écarter.

16. Il ne pourra, dans aucun cas, introduire dans les administrations des citoyens qui ne seraient pas reconnus capables par la commission siégeant auprès de chaque ministère.

17. La puissance législative ne s'exerce que par le corps législatif.

18. Toute loi doit être discutée et votée librement par la majorité du corps législatif.

19. Le corps législatif a seul le droit de proposer et de voter les lois.

20. Le chef de l'état promulgue les lois, sans pouvoir jamais se soustraire à leur action, à laquelle il est soumis comme les autres citoyens.

21. Le chef de l'état a la faculté de commuer les peines et de faire grâce.

## DU CORPS LÉGISLATIF.

22. La chambre des pairs actuelle est abolie.

23. Le corps législatif sera composé d'une chambre de sénateurs et d'une chambre de représentans, élus par la Nation.

## DES SÉNATEURS.

24. Les sénateurs seront élus pour dix ans. Ils ne pourront être immédiatement réélus.

25. Nul ne pourra être sénateur s'il n'est Français, domicilié en France, et s'il a moins de trente ans.

26. Chaque département élira deux sénateurs.

27. Ils seront rétribués par l'état.

28. Ils ne pourront, pendant la durée de leurs fonctions, accepter ni places, ni honneurs, ni faveurs quelconques de l'état ou de l'étranger, tant pour eux que pour leurs ascendans, descendans ou alliés à quelque degré que ce soit.

29. L'élection des sénateurs se fera dans chaque chef-lieu de département et jamais ailleurs.

30. Ils seront élus par les électeurs cantonnaux de tout le département.

31. Il sera alloué aux Sénateurs une indemnité de mille francs par mois, pendant la durée des sessions.

32. Les président, vice-président et autres dignitaires du sénat seront nommés par les sénateurs et à chaque session.

33. Il sera alloué aux dignitaires du sénat , pendant la durée de chaque session, savoir : deux mille francs par mois au président, quinze cents francs aux vice-présidens et douze cents francs aux autres dignitaires, pour frais de représentation.

34. Les séances du sénat seront publiques.

35. Toute autre fonction est incompatible avec celle de sénateur.

36. L'indemnité sera toujours payée par le trésor.

## DES REPRÉSENTANS.

37. Les représentans seront élus pour cinq ans. Ils pourront être réélus.

38. Chaque année la chambre des représentans sera renouvelée par cinquième.

39. Les représentans seront élus par les électeurs cantonnaux de chaque arrondissement.

40. Le nombre des représentans ne pourra être moindre du double de celui des sénateurs.

41. Aucun représentant ne pourra être admis à la chambre s'il n'a vingt-cinq ans accomplis au jour de l'élection , s'il n'est Français et domicilié dans l'arrondissement électoral.

42. Les représentans seront rétribués par l'état.

43. Ils ne pourront, pendant la durée de leurs fonctions, accepter ni places, ni honneurs, ni faveurs quelconques de l'état ou de l'étranger, tant pour eux que pour leurs ascendans, descendans ou alliés, à quelque degré que ce soit.

44. Chaque arrondissement élira un ou plusieurs représentans suivant sa population.

45. Les représentans et les dignitaires de la chambre recevront une indemnité égale à celle allouée aux sénateurs et aux dignitaires du sénat.

46. Les président, vice-président et autres dignitaires de la chambre, seront nommés par les représentans et à chaque session.

47. Le corps législatif se partage en bureaux pour discuter les lois.

48. L'interprétation des lois est dévolue de plein droit au corps législatif.

49. La chambre des représentans reçoit toutes les propositions d'impôt; ce n'est qu'après que ces propositions auront été acceptées, qu'elles seront portées au sénat.

50. Aucun impôt, de quelque nature que ce soit, ne peut être établi ni perçu, s'il n'a été consenti par le corps legislatif.

51. Les impôts ne sont consentis que pour un an.

52. Les séances de la chambre des représentans seront publiques.

53. Aucune contrainte par corps ne peut être exercée contre un membre du corps législatif, durant la session et dans le mois qui l'aura précédée ou suivie.

54. Aucun membre du corps législatif ne peut, pendant la durée des sessions, être poursuivi ni arrêté en matière criminelle, sauf le cas de flagrant délit, sans l'assentiment de la chambre dont il fait partie.

55. Toute pétition à l'une des deux chambres ne peut être faite et présentée que par écrit. Il est interdit d'en apporter en personne à la barre.

56. Toute autre fonction est incompatible avec celle de représentant.

57. Le corps législatif ne pourra se former en comité secret que dans des cas graves et dont il fera connaître l'urgence.

58. Le chef de l'état convoque chaque année le corps législatif.

59. La liste civile consiste dans les revenus des domaines de la couronne ; et, en cas d'aliénation de ces domaines pour payer les dettes de l'état, il sera alloué une somme de trois à six millions, qui sera votée chaque année comme les autres impôts.

## DES MINISTRES.

60. Les ministres et autres agens de l'autorité sont responsables.

61. Ils peuvent être mis en accusation pour toute espèce de crime ou de délit. La chambre des représentans qualifiera l'accusation.

62. Ils ne peuvent être membres du corps législatif. Ils ont leur entrée dans les deux chambres, et doivent être entendus quand ils le demandent.

63. La chambre des représentans a le droit d'accuser les ministres, de les traduire à sa barre, quel que soit d'ailleurs le crime ou le délit qui leur soit imputé. Elle s'érigera, dans ce cas, en tribunal d'instruction dont les ordres seront exécutoires ; elle fera ou ordonnera toutes requêtes, interrogatoires, descentes de lieux et autres actes nécessaires.

64. L'instruction terminée, il sera pris, par la voie du sort, cent membres dans chacune des deux chambres. Ces membres, érigés en grand jury, sous la présidence d'un d'entr'eux, désigné également par la voie du sort procéderont au jugement définitif des accusés.

65. Les sentences de cette cour seront exécutoires dans les vingt-quatre-heures et sans aucun recours.

66. Dans aucun cas, on ne pourra agir à huis clos ; l'accusation, l'instruction, les débats et l'arrêt devront avoir lieu publiquement.

67. Il sera établi auprès de chaque ministere, une commission de surveillance, prise moitié dans chacune des deux chambres et par la voie du sort.

68. Toutes les opérations ministérielles seront soumises à l'approbation de cette commission

69. La commission sera permanente et renouvelee à chaque session et de la même manière.

70. Les membres de ces commissions ne pourront en faire partie qu'une seule fois, et les noms des sortans seront extraits de l'urne lors de leur remplacement.

71. Il sera alloué à chaque membre de ces commissions une indemnité de cinq cents francs par mois, pendant l'intervalle d'une session à l'autre.

72. Chaque commission sera composée de cinq membres au moins et de sept au plus.

73. Elle rendra compte au corps législatif, et à chaque session, de toutes les opérations des divers ministres.

74. Les membres de ces diverses commissions ne pourront être déplacés par le chef de l'état ou toute autre autorité, sans une demande formelle de leur part, ou l'autorisation du corps législatif.

## DES ÉLECTEURS CANTONNAUX.

75. Les électeurs cantonnaux seront choisis par tous les électeurs du canton, à la majorité absolue des suffrages.

76. Chaque canton nommera, suivant sa population et son étendue, une quantité d'électeurs suffisante, de manière à ce que cent au moins puissent concourir aux nominations à faire dans chaque arrondissement.

77. Pour être électeur cantonnal il suffira d'avoir vingt-cinq ans accomplis, d'être Français et domicilié dans le canton.

78. L'administrateur de chaque département fixera le nombre d'électeurs à nommer dans chaque canton, eu égard à sa population et à son étendue.

79. Chaque électeur cantonnal recevra une indemnité de six francs par jour, à compter de celui de son départ jusqu'à la fin des opérations.

80. Les présidens et autres dignitaires des colléges seront nommés par les électeurs.

81. Chaque fois que le collége électoral devra s'assem-

bler, les électeurs cantonnaux seront nommés, et leur mandat cessera de plein droit aussitôt que l'opération pour laquelle ils auront été choisis sera terminée.

82. Les électeurs cantonnaux seront convoqués dans chaque chef-lieu d'arrondissement par l'autorité départementale qui leur enverra leurs cartes dès qu'elle aura été informée du résultat des élections de chaque canton.

83. L'indemnité sera payée par les départemens.

## DES ÉLECTEURS.

84. Les électeurs qui concourront à la nomination des électeurs cantonnaux ne pourront avoir droit de suffrage s'ils ont moins de vingt-un ans.

85. Ils devront être Français et domiciliés dans le canton.

86. Les présidens et autres dignitaires des colléges seront nommés par les électeurs.

87. Les électeurs seront convoqués dans chaque chef-lieu de canton par le maire dudit chef-lieu.

88. Les votes des électeurs cantonnaux et autres seront toujours secrets. Toute infraction à cet égard rend les opérations des colléges nulles de plein droit, et les coupables seront punis selon toute la sévérité des lois. -

89. Dans les villes où se trouve agglomérée presque toute la population de l'arrondissement, les électeurs choisiront autant d'électeurs cantonnaux que la population l'exigera, c'est-à-dire un nombre proportionnel aux autres départemens. Les électeurs de la ville de Paris choisiront cent électeurs cantonnaux dans chacun de ses douze arrondissemens ; ce qui portera le nombre total à douze cents, qui concourront à l'élection des sénateurs, représentans et autres autorités du département.

---

90. Lors de la première réunion du corps législatif il sera proposé, par la chambre des représentans, une loi sur la responsabilité des ministres et autres agens de

l'autorité. Il en sera de même pour les infractions, fraudes ou autres irrégularités qui se commettraient dans les collèges électoraux, l'expérience ayant démontré l'urgence et la nécessité de ces lois.

## DE L'ORDRE JUDICIAIRE.

91. La justice s'administre au nom de la nation.

92. L'organisation des cours et tribunaux actuellement existante est maintenue, quant aux localités.

93. Tous les membres de l'ordre judiciaire seront nommés par les électeurs cantonnaux de chaque arrondissement, à la majorité absolue des suffrages.

94. Une épuration préalable sera faite parmi les membres siégeant avant 1814, et les remplacemens seront exécutés conformément à l'article ci-dessus.

95. Tous les magistrats nommés depuis 1814 seront remplacés.

96. La durée des fonctions des conseillers et juges sera illimitée.

97. Les présidens des cours et tribunaux seront nommés par le chef de l'état, sur la proposition des électeurs cantonnaux, et dans aucun cas il ne pourra en choisir d'autres.

98. La durée des fonctions de ces présidens sera, comme celle des autres membres, soumise aux règles prescrites par l'article 96.

99. Nul ne pourra faire partie de la cour de cassation s'il n'a siégé au moins dix ans dans une cour d'appel.

100. Nul ne pourra faire partie d'une cour d'appel s'il n'a siégé au moins cinq ans dans un tribunal de première instance.

101. Nul ne pourra faire partie d'un tribunal de première instance s'il n'a trente ans accomplis, s'il n'est licencié en droit, et s'il n'a exercé la profession d'avocat au moins cinq ans.

102. Dans aucun cas il ne sera loisible au chef de l'état de déplacer les magistrats, ni d'introduire dans les

cours ou tribunaux des membres qui ne réuniraient pas les qualités prescrites par les articles 100, 101 et 102.

103. Le chef de l'état nommera tous les membres des parquets. Néanmoins il ne pourra, dans aucun cas, les dispenser des conditions prescrites par les articles 100, 101 et 102.

104. Ils pourront être révoqués par le chef de l'état.

105. Les conseillers des cours d'appel seront nommés par le quart des électeurs cantonnaux de chaque arrondissement du ressort, lesquels seront désignés par la voie du sort.

106. Il en sera de même pour la nomination des conseillers à la cour de cassation.

107. Les électeurs qui auront procédé à l'élection des conseillers d'appel ne pourront élire ceux de la cour de cassation qu'après avoir été de nouveau désignés par la voie du sort.

108. On en usera ainsi pour tous les degrés de juridiction.

109. Dans chaque chef-lieu de cour d'appel on nommera un ou plusieurs conseillers à la cour de cassation jusqu'à concurrence du nombre nécessaire.

110. Les élections auront lieu pour les conseillers d'appel et de cassation dans chaque chef-lieu où siégera une cour d'appel.

111. La cour des comptes est abolie.

112. La justice consulaire est conservée, ainsi que son organisation. Les juges seront nommés par le quart des patentés et commerçans de l'arrondissement, désignés par la voie du sort.

113. La justice de paix est également conservée, quant aux localités.

114. Les juges de paix seront élus par tous les électeurs du canton.

115. La durée des fonctions des juges de paix est illimitée.

116. Nul ne pourra être nommé juge de paix s'il n'est Français, domicilié dans le canton et s'il a moins de trente ans.

117. Aucun juge de paix ne pourra rendre la justice s'il n'est assisté de deux assesseurs, âgés de vingt-cinq ans au moins, domiciliés dans le canton, et choisis par les électeurs.

118. Les nominations des assesseurs et suppléans des juges de paix se feront de la même manière que celles des juges de paix.

119. Celles des suppléans, dans chaque cour ou tribunal, seront faites par les avocats et les avoués du lieu, à la majorité absolue des suffrages.

120. Nul ne pourra être distrait de ses juges naturels.

121. Il ne pourra, dans aucun temps, ni dans aucun cas, être créé des commissions ou tribunaux extraordinaires.

122. L'institution du jury est conservée. Feront partie du jury, les avocats, les avoués, les notaires, les docteurs, les médecins, les chirurgiens, les pharmaciens, les imprimeurs typographes, les professeurs de toutes les facultés ainsi que leurs suppléans; les officiers civils de terre et de mer, jouissant d'une retraite quelconque, les huissiers et les membres de toutes les sociétés scientifiques et littéraires. Les noms des jurés seront tous mis dans l'urne, et on en extraira, par la voie du sort, le nombre nécessaire chaque fois qu'il y aura convocation de cours d'assises.

123. Les délits politiques et de la presse, sans distinction aucune, seront soumis au jury.

124. Les séances des cours et tribunaux seront publiques, à moins que cette publicité ne soit dangereuse pour l'ordre ou les mœurs, dans lequel cas on le déclarera publiquement.

125. La peine de la confiscation des biens ne pourra être prononcée dans aucun cas.

126. La mort ni aucune autre peine infamante en matières politiques ou de la presse ne pourra être prononcée. Les peines accessoires aux autres condamnations sont abolies.

127. Les ministres prévaricateurs ne pourront jamais jouir du bénéfice de la commutation de peine ou de la grace.

128. Le code civil restera en vigueur jusqu'à ce qu'il y soit légalement dérogé.

129. On procédera immédiatement à une révision des lois pénales et des codes criminels afin d'adapter les peines aux crimes ou délits.

## DES DÉPARTEMENS.

130. L'administrateur et les conseillers de préfecture de chaque département seront nommés par les électeurs cantonnaux du département réunis au chef-lieu.

131. La durée de leurs fonctions sera de cinq ans: ils pourront être réélus.

132. Ils devront être Français, âgés de trente ans au moins, et être domiciliés dans le département.

133. Toute autre fonction est incompatible avec celle d'administrateur ou de conseiller de préfecture.

134. Les séances des conseils généraux seront publiques.

135. Les conseils d'arrondissement sont supprimés.

## DES COMMUNES.

136. Les autorités communales seront nommées par tous les citoyens domiciliés dans chaque circonscription communale.

137. La durée de leurs fonctions sera de trois ans; ces autorités pourront être réélues.

138. Elles devront être domiciliées dans la commune.

139. Les séances des conseils municipaux seront publiques.

140. Les membres du clergé sont exclus de droit de tous les emplois civils et militaires.

141. Aucune des autorités nommées par les électeurs ne peut être révoquée par le gouvernement.

# DE L'ARMÉE.

142. Les militaires disponibles, en retraite, ou en réforme, conserveront leurs grades, honneurs et pensions.

143. Aucun officier ne pourra être privé de son état, ou perdre son grade ou son traitement, qu'en vertu d'un jugement régulier.

144. L'organisation de l'armée aura lieu, comme celle de la garde nationale, d'après la loi de 1791, avec les modifications suivantes :

145. Après les élections, par chaque compagnie, de ses officiers, sous-officiers et caporaux, les officiers supérieurs seront élus par les officiers, sous-officiers et caporaux de chaque bataillon et de chaque régiment.

146. Les officiers généraux seront nommés par les officiers et officiers supérieurs de chaque brigade, division et corps d'armée.

147. Aucune nomination ne pourra être annulée par le chef de l'état.

148. La même règle sera suivie pour l'élection des caporaux, sous-officiers, officiers, officiers-supérieurs et généraux de toutes les armes.

149. Les sous-officiers et officiers sortant des écoles seront admis, sans réclamation, dans les divers corps de l'armée, jusqu'à concurrence du vingtième, avec les grades qui leur auront été conférés dans les écoles.

150. Les aides de camp des généraux seront pris parmi les officiers élus dans chaque régiment, et il sera pourvu immédiatement à leur remplacement dans la forme usitée.

151. Ces aides de camp, ainsi que les officiers et chefs d'état-major, pourront être élevés à des grades supérieurs par les électeurs des régimens qui les y appelleraient par leurs suffrages.

152. Les officiers et chefs d'état-major de chaque brigade, division ou corps d'armée, seront choisis par les généraux, parmi les officiers élus dans chaque régiment, et il sera immédiatement pourvu à leur remplacement.

153. Dans aucun cas il ne sera loisible aux généraux de s'entourer d'officiers qui ne seraient pas régulièrement élus.

154. Il n'y aura point de grade sans emploi.

155. Les officiers de chaque régiment remplissant les fonctions de quartiers-maîtres, payeurs, capitaines d'habillement, etc., seront pris parmi les officiers élus, et désignés par le conseil d'administration de chaque régiment.

156. Les officiers de santé, pharmaciens et autres chefs de service, seront nommés par le chef de l'état.

157. L'élection des officiers de tout grade ne peut être, dans aucun cas, annulée que pour vices de forme ou toute autre irrégularité contraire à la présente constitution.

158. L'élection terminée, nul ne peut révoquer l'élu : à un conseil de guerre, régulièrement convoqué, appartient seul le droit de le priver de son état.

159. Le grade conféré à un officier quelconque par les électeurs, lui est acquis, aussitôt l'opération terminée, et il le conserve jusqu'à ce qu'il soit appelé à un grade supérieur ; la faculté de le révoquer ou de le démettre n'appartenant plus dès lors aux électeurs.

160. Le chef de l'état ne pourra, dans aucun cas, pourvoir au remplacement d'officiers élus : cette faculté n'appartient qu'aux électeurs.

161. L'envoi des procès-verbaux de chaque nomination au chef de l'état, par la voie du ministre-directeur, suffira pour toutes les opérations, et le titulaire jouira du jour de l'élection des attributions dévolues au grade auquel il aura été promu.

162. Les chefs de corps, de brigades, de divisions et de corps d'armée, réuniront les compagnies, bataillons, brigades et divisions, chaque fois qu'il sera nécessaire de procéder à des remplacemens ou à de nouvelles nominations, et sans qu'il soit besoin d'autorisation de la part de qui que ce soit.

163. Le chef de l'état réunira les électeurs de chaque corps d'armée pour procéder aux remplacemens ou à la nomination des généraux en chef.

164. La garde nationale sera réorganisée d'après la loi de 1791.

165. Les nominations des officiers, officiers supérieurs, d'état-major et généraux, auront lieu d'après le mode usité dans l'armée, et comme il est dit aux art. 145, 146, 147, 150, 151, 152, 154, 155, 156, 157, 158, 159, 160, 161, 162, 163.

166. Chaque année les réélections auront lieu et les sortans, quel que soit leur grade, ne pourront être immédiatement réélus.

167. Les officiers de santé, pharmaciens et autres chefs de service dans la garde nationale, seront nommés par le chef de l'état.

168. Il sera fait des règlemens particuliers et appropriés aux besoins de chaque arme, pour le bien du service.

169. Ces règlemens seront soumis à l'approbation de la commission de surveillance de chaque ministère, et ils ne seront exécutoires qu'après avoir été revêtus de cette formalité, et publiés en la forme ordinaire.

170. Dans aucun cas les commandans supérieurs de la garde nationale ne pourront commander d'autres corps, tant qu'ils seront revêtus dudit commandement, le cumul des fonctions étant absolument interdit.

171. Il en sera de même dans toutes les armes.

## DISPOSITIONS GÉNÉRALES.

172. Le conseil d'état est aboli.

173. Il n'y aura plus de noblesse et il n'en pourra être créé dans aucun cas.

174. Le chef de l'état ne pourra jamais se servir de corps étrangers, même en temps de guerre, sans l'assentiment du corps législatif.

175. Toutes les corporations sont supprimées.

176. Les privilèges et monopoles, quelle qu'en soit la nature, sont abolis.

177. Les colonies françaises seront régies d'après la présente constitution, quelle que soit la partie du globe où elles sont situées.

# DES DÉCORATIONS.

178. La légion d'honneur est maintenue; néanmoins, il sera procédé à une épuration préalable de toutes les promotions faites dans l'ordre, depuis le 1er avril 1814.

179. La décoration de juillet est maintenue telle que la loi l'avait d'abord créée.

180. Tous les autres ordres militaires ou civils sont supprimés; il n'en pourra plus être créé qu'en vertu de lois spéciales et pour des faits spéciaux, et cette création ne pourra avoir lieu que sur la proposition du corps législatif.

181. Aucun Français ne pourra porter de décoration étrangère.

# DETTE PUBLIQUE.

182. La dette publique est garantie.

183. Tous les engagemens pris par l'état envers ses créanciers sont maintenus, à moins qu'il n'y ait eu dol ou fraude.

# ACCEPTATION.

184. La présente constitution sera soumise à l'approbation de tous les citoyens.

185. Il en sera envoyé deux exemplaires dans chaque commune, afin que les habitans puissent en prendre connaissance.

186. Les autorités municipales, en grand costume et décorées de leurs insignes, feront assembler leurs administrés, au son de la caisse ou des cloches, et liront ou feront lire, à haute et intelligible voix, tous les articles de la présente constitution.

187. Il sera immédiatement placé dans chaque mairie une urne, dans laquelle les habitans déposeront leurs bulletins affirmatifs ou négatifs.

188. Ces urnes seront placées de manière à ce que tous les habitans puissent y déposer leur vote en toute liberté, soit pendant le jour, soit pendant la nuit, les votes émis devant être secrets.

189. Cette urne restera ouverte dans chaque commune pendant quinze jours.

190. Le terme expiré, les maires, les adjoints et les membres des conseils municipaux, en présence des habitans de chaque localité, feront le dépouillement des votes ; ils en rédigeront, séance tenante, procès-verbal, qui sera transmis sur-le-champ à l'autorité départementale. Avant de se séparer, les bulletins seront livrés aux flammes, et il est expressément interdit de demander jamais compte des votes émis dans cette circonstance.

. 191. La présente constitution ne pourra être modifiée, dans aucun cas, sans l'assentiment de la nation, qui fera connaître, par l'organe de représentans nommés à cet effet extraordinairement, si elle approuve ou rejette les changemens proposés.

192. Les représentans chargés de cette opération seront nommés dans la forme ordinaire et par les électeurs cantonnaux.

193. Ils seront assujétis aux conditions prescrites aux représentans au corps législatif, et jouiront des mêmes avantages.

194. Ils ne pourront procéder à aucune autre opération.

195. Chaque arrondissement en élira deux.

196. Le chef de l'état, quelle que soit sa dénomination, jurera, à son avènement, d'observer fidèlement la présente constitution et de se conformer strictement aux conditions qu'elle prescrit. Il lui est absolument interdit d'en provoquer jamais la révision, l'initiative en étant dévolue au corps législatif seul.

197. En cas d'infraction, les coupables, quels qu'ils soient, seront immédiatement déchus de toutes dignités, arrêtés et jugés par un grand jury convoqué à cet effet,

et qui agira conformément aux art. 63, 64, 65 et 66 de la présente constitution, et condamnés à une détention perpétuelle; peine qui ne pourra dans aucun cas être atténuée sans le consentement de la nation.

*Le présent projet rédigé à Paris, le 1er novembre 1832.*

## LE DUC DE NORMANDIE.